Geschichten auf Spanisch
Niveau A1-A2 - Buch 1
- MIT AUDIO -

Für Spanischlerner entwickelt

Lade deine Audio-Dateien herunter:

Schritt 1: Gehe auf Esidioma.com/extras

Schritt 2: Trage den folgenden Code ein:

wmspK

Bei Fragen wende dich gern an: info@Esidioma.com

Esidioma

esidioma.com

Índice

esidioma.com

Lerne mit uns Spanisch!
Wir haben alles, was du zur Verbesserung deiner
Sprachkenntnisse brauchst

Copyright © Esidioma
Texte: José Antonio Santiago
Gestaltung: Esidioma Team
Bilder: pexels.com
ISBN - 978-84-16971-79-4
Pflichtexemplarnummer - AS 02213-2024

El cuervo y el queso
Der Rabe und der Käse

Vocabulario

1. bosque	Wald
2. rama	Ast
3. árbol	Baum
4. cuervo	Krähe
5. queso	Käse
6. pico	Schnabel
7. estar contento	zufrieden/glücklich sein
8. encontrar	finden
9. cenar	zu Abend essen
10. pensar	denken
11. escarabajo	Käfer
12. mosca	Fliege
13. tener suerte	Glück haben
14. tener hambre	Hunger haben
15. pájaro	Vogel
16. mundo	Welt
17. ojo	Auge
18. ala	Flügel
19. cantar	singen
20. tener razón	recht haben
21. ser amable	freundlich sein
22. mañana	morgen
23. sonido	Geräusch
24. trozo	Stück
25. oler	riechen

El cuervo y el queso

En el bosque, en la rama de un árbol, hay un cuervo. Tiene un trozo de queso en el pico. El queso huele muy bien. El cuervo está contento porque es la primera vez que encuentra queso en el bosque.

"¡Qué bien voy a cenar hoy!", piensa el cuervo. "Siempre como escarabajos y moscas, pero hoy va a ser diferente. ¡Qué suerte tengo!"

En ese momento, un zorro pasa por debajo del árbol. Ve al cuervo con el queso en el pico. El zorro tiene mucha hambre y quiere el queso.

Der Rabe und der Käse

Im Wald sitzt ein Rabe auf einem Ast. Er hält ein Stück Käse im Schnabel. Der Käse riecht sehr gut. Der Rabe freut sich sehr, denn es ist das erste Mal, dass er Käse im Wald findet.

»Ich werde so ein leckeres Abendessen haben!«, denkt sich der Rabe. »Ich esse immer Käfer und Fliegen, aber heute wird es anders sein. Ich habe so ein Glück!«

In diesem Moment kommt unter dem Baum ein Fuchs vorbei. Er sieht den Raben mit dem Käse im Schnabel. Der Fuchs hat großen Hunger und will den Käse haben.

Los zorros son animales muy inteligentes. El zorro sabe que a los cuervos les gustan los cumplidos. Así que mira al cuervo y le dice:

—¡Oh, mi querido cuervo! ¡Eres el pájaro más hermoso del mundo! ¡Qué ojos tan bonitos tienes! ¡Qué patas tan largas! ¡Qué alas tan negras! ¡Qué pico tan grande! ¡Seguro que puedes cantar como un ruiseñor!

—Sí, el zorro tiene razón —piensa el cuervo—. Soy un pájaro muy hermoso. Tengo unas alas preciosas. Mis patas son largas y elegantes. Y tengo un pico maravilloso. ¡Qué palabras tan agradables dice el zorro! Es muy amable.

—¡Oh, querido cuervo! —continúa el zorro—. Creo que cantas de maravilla. Los ruiseñores cantan bien, pero tienen un pico muy pequeño. Tu pico es grande y bonito. Estoy seguro de que puedes cantar bastante mejor que un ruiseñor. ¡Canta, por favor! ¡Canta!

Füchse sind sehr schlaue Tiere. Der Fuchs weiß, dass Raben Komplimente mögen. Daher schaut er den Raben an und sagt:

»Oh, mein lieber Rabe! Du bist der prächtigste Vogel der Welt! Diese schönen Augen! Diese langen Beine! Die schwarzen Flügel! Der große Schnabel! Sicher kannst du singen wie eine Nachtigall!«

»Ja, der Fuchs hat recht«, denkt der Rabe. »Ich bin ein prächtiger Vogel. Ich habe schöne Flügel. Meine Beine sind lang und elegant. Und ich habe einen wunderbaren Schnabel. Die Worte des Fuchses sind so angenehm! Er ist sehr nett.«

»Oh, lieber Rabe!«, spricht der Fuchs weiter. »Ich glaube, du singst wundervoll. Eine Nachtigall singt gut, aber sie hat einen kleinen Schnabel. Dein Schnabel ist groß und schön. Ich bin sicher, dass du viel besser singen kannst als die Nachtigall. Sing, bitte! Sing!«

—Es verdad —piensa el cuervo—. ¿Por qué yo nunca canto? El ruiseñor canta cada mañana. Todos los animales del bosque lo escuchan. Y dicen que canta muy bien. Pero yo también puedo cantar así. Su pico es muy pequeño y el mío es grande y hermoso. ¡Yo puedo cantar mejor que él!

Entonces, el cuervo abre el pico para cantar. En lugar de música, se oye un sonido horrible:
—¡Carrrr, carrrr! —.

Cuando el cuervo abre el pico, el queso cae al suelo. El zorro coge el queso y se lo come con una sonrisa. Y el pobre cuervo se queda sin nada.

»Stimmt«, denkt der Rabe. »Warum singe ich eigentlich nie? Die Nachtigall singt jeden Morgen. Alle Tiere des Waldes hören ihr zu. Sie sagen, sie sänge so schön. Aber ich kann auch so singen! Ihr Schnabel ist sehr klein und mein Schnabel ist groß und schön! Ich kann besser als sie singen!«

Der Rabe öffnet den Schnabel, um zu singen. Anstatt Musik ertönt ein schrecklicher Ton:

»Karr, karr!«.

Als der Rabe den Schnabel öffnet, fällt der Käse zu Boden. Der Fuchs holt ihn sich und isst ihn grinsend. Und der arme Rabe hat am Ende gar nichts.

Ejercicios

1
Pon las frases en el orden correcto:
Bringe die Sätze in die richtige Reihenfolge:

1. El queso cae al suelo y el zorro se lo come.
2. El cuervo quiere cantar y se oye: "¡Carrr!"
3. El zorro ve al cuervo con el queso en el pico.
4. El pobre cuervo se queda sin nada.
5. El cuervo encuentra el queso.
6. El zorro le dice al cuervo unos cumplidos.

2
¿Verdadero (V) o falso (F)?
Wahr oder falsch?

1. El cuervo encuentra el queso en el bosque cada mañana.
2. Al zorro le gustan los cumplidos.
3. El cuervo siempre come escarabajos y moscas.
4. El zorro tiene mucha hambre.
5. El zorro piensa que el cuervo es el pájaro más hermoso del mundo.
6. El ruiseñor canta muy bien.

3 Completa las frases con las siguientes palabras:
Vervollständige die Sätze mit den folgenden Wörtern:

trozo / alas / sonrisa / rama /
mejor / animales

1. El cuervo tiene patas largas y _____ negras.
2. El zorro come el queso con una _____ .
3. Los zorros son _____ muy inteligentes.
4. El cuervo cree que puede cantar _____ que un ruiseñor.
5. El cuervo tiene un _____ de queso en el pico.
6. Hay un cuervo en la _____ de un árbol.

4 Combina las columnas:
Verbinde die Spalten:

1. El cuervo encuentra el queso y está   a. pequeño
2. Los ruiseñores tienen un pico muy   b. horrible
3. El ruiseñor canta cada   c. cumplidos
4. En lugar de música se oye un sonido   d. mañana
5. El zorro dice muchos   e. árbol
6. Un zorro pasa por debajo del   f. contento

Soluciones

Ejercicio 1: El orden correcto es 5, 3, 6, 2, 1, 4
Ejercicio 2: 1–F, 2–F, 3–V, 4–V, 5–F, 6–V
Ejercicio 3: 1–alas, 2–sonrisa, 3–animales, 4–mejor,
5–trozo, 6–rama
Ejercicio 4: 1–f, 2–a, 3–d, 4–b, 5–c, 6–e

La vieja y el pez
Die Alte und der Fisch

Vocabulario

1. pueblo	Dorf, Kleinstadt
2. orilla	Ufer
3. mar	Meer
4. pareja	Paar
5. anciano	Alter (alter Mann)
6. pescar	fischen, angeln
7. pez	Fisch
8. extraño	seltsam
9. red	Netz
10. de repente	plötzlich
11. cumplir un deseo	einen Wunsch erfüllen
12. milagro	Wunder
13. desaparecer	verschwinden
14. gritar	schreien
15. vaca	Kuh
16. suficiente	genug
17. palacio	Palast
18. castillo	Schloss
19. furioso	wütend
20. reina	Königin
21. desear	wünschen
22. ropa	Kleidung
23. vestido	Kleid
24. trabajar	arbeiten
25. estúpido	dumm

La vieja y el pez

En un pueblo a la orilla del mar, vive una pareja de ancianos. La mujer trabaja en casa y el hombre va a pescar todos los días. Un día, el hombre ve un pez muy extraño en su red. De repente, el pez empieza a hablar:

—¡Hola, buen hombre! No soy un simple pez. Soy la reina de los mares. Déjame ir. Puedo cumplir todos tus deseos. ¿Qué cosas deseas?

"¡Esto es un milagro!", piensa el anciano. "Este pez puede hablar". Entonces, coge al pez con cuidado y lo suelta al mar. Le dice al pez:

—Vuelve a casa, pececito. No quiero nada. Tengo todo lo que necesito.

16

Die Alte und der Fisch

In einem Dorf an der Küste lebt ein älteres Paar. Die Frau arbeitet zu Hause und der Mann geht fischen. Eines Tages findet der Mann in seinem Netz einen seltsamen Fisch. Plötzlich fängt der Fisch an zu sprechen:

»Hallo, guter Mann! Ich bin kein gewöhnlicher Fisch. Ich bin die Königin des Meeres. Lass mich frei. Ich kann alle deine Wünsche erfüllen. Was wünscht du dir?

»Das ist ein Wunder!«, denkt der Alte. »Der Fisch kann sprechen!« Er nimmt den Fisch und setzt ihn behutsam zurück ins Meer. Er sagt zu dem Fisch:

»Kehr zurück nach Hause, Fischlein. Ich möchte nichts. Ich habe alles, was ich brauche.«

El pez le da las gracias y desaparece en el mar. El anciano recoge la red y se va. Cuando llega a casa, cuenta la historia a su mujer. La anciana le grita:

—¡Qué estúpido eres! ¿Por qué dices que no necesitamos nada? Mira qué ropa más vieja tengo. No tengo nada bonito. ¡Ve y pide un vestido bonito!

El viejo vuelve a la orilla del mar y llama a la reina de los mares. Al poco tiempo, aparece el pez. Entonces, el anciano cuenta lo que ha ocurrido.

—No te preocupes. Tu mujer tendrá un vestido— dice el pez.

Cuando el hombre llega a casa, encuentra a su mujer con un hermoso vestido. Pero la anciana no está contenta. Ahora también quiere una vaca.

El hombre siempre quiere ver a su mujer contenta. Así que va al mar de nuevo y pide al pez una vaca.

Der Fisch bedankt sich und verschwindet im Meer. Der Alte nimmt das Netz und geht. Als er nach Hause kommt, erzählt er seiner Frau die Geschichte. Die Alte schreit ihn an:

»Wie dumm du bist! Warum sagst du, dass wir nichts brauchen? Schau, was für alte Kleider ich habe. Ich habe nichts Hübsches. Geh hin und bitte um ein schönes Kleid!«

Der Alte geht zurück zum Meeresufer und ruft die Königin der Meere. Kurz darauf erscheint der Fisch. Der alte Mann erzählt, was geschehen ist.

»Keine Sorge. Deine Frau wird ein Kleid haben« sagt der Fisch.

Als der Mann nach Hause kommt, sieht er seine Frau in einem schönen Kleid. Aber die Alte ist unzufrieden. Nun will sie noch eine Kuh.

Der Mann will immer, dass seine Frau zufrieden ist. Deswegen geht er ans Meer und bittet den Fisch um eine Kuh.

—De acuerdo —dice el pez—. Vete a casa. La anciana tendrá una vaca.

Pero en casa, la mujer no tiene suficiente. Por eso, el hombre le pide al pez una casa nueva, luego un palacio, después un castillo,... Pero la vieja quiere más y más cosas. Entonces, la vieja dice:

—¿Por qué este pez es la reina? Yo quiero ser la reina de los mares.

El hombre va como siempre a hablar con el pez. Pero, esta vez, el pez no responde nada y desaparece en el mar para siempre. El anciano vuelve a casa y encuentra a su mujer furiosa. No tiene nada: ni vestido, ni palacio, ni vaca.

»Einverstanden«, sagt der Fisch. »Geh nach Hause. Die Alte wird eine Kuh haben.«

Aber seine Frau kriegt nicht genug. Und so bittet der Alte den Fisch erst um ein neues Haus, dann um einen Palast, dann um ein Schloss,... Doch die Alte will immer noch mehr Dinge. Also sagt sie:

»Warum ist dieser Fisch die Königin der Meere? Ich will die Königin der Meere sein!«

Wie immer geht der Mann los, um mit dem Fisch zu reden. Doch diesmal antwortet der Fisch nichts und verschwindet für immer im Meer. Der Alte geht nach Hause zurück, wo er seine Frau sehr wütende antrifft. Sie hat nichts: Weder Kleid, noch Palast, noch Kuh.

Ejercicios

---

1 Pon las frases en el orden correcto:
Bringe die Sätze in die richtige Reihenfolge:

1. El anciano vuelve a casa y le cuenta la historia a su mujer.
2. La mujer pide un vestido bonito y luego una vaca.
3. El hombre suelta el pez al mar.
4. La vieja quiere más y más cosas.
5. El hombre anciano ve un pez muy extraño en su red.
6. El pez desaparece en el mar para siempre.

2 ¿Verdadero (V) o falso (F)?
Wahr oder falsch?

1. El hombre va a pescar todos los días.
2. La mujer tiene un vestido hermoso y está contenta.
3. El pez dice que es la reina de los mares.
4. El anciano quiere un palacio.
5. El hombre quiere ver a su mujer contenta.
6. La anciana dice que no quiere nada.

3 Completa las frases con las siguientes palabras:
Vervollständige die Sätze mit den folgenden Wörtern:

nada / furiosa / orilla
red / gracias / responde

1. Una pareja vive en un pueblo a la _____ del mar.
2. El anciano ve un pez muy extraño en su _____ .
3. La mujer dice que no tiene _____ bonito.
4. El anciano suelta el pez al mar. El pez le da las _____ .
5. El pez no _____ nada y desaparece en el mar.
6. El hombre encuentra a su mujer _____ .

4 Combina las columnas:
Verbinde die Spalten:

1. El hombre tiene todo lo que   a. deseos
2. El pez puede cumplir los   b. suficiente
3. El anciano coge al pez con   c. mar
4. La mujer no tiene   d. siempre
5. El hombre suelta al pez al   e. necesita
6. El pez desaparece en el mar para   f. cuidado

Soluciones

Ejercicio 1: El orden correcto es 5, 3, 1, 2, 4, 6
Ejercicio 2: 1–V, 2–F, 3–V, 4–F, 5–V, 6–F
Ejercicio 3: 1–orilla, 2–red, 3–nada, 4–gracias,
5–responde, 6–furiosa
Ejercicio 4: 1–e, 2–a, 3–f, 4–b, 5–c, 6–d

Un paisaje bonito
Die schöne Landschaft

Vocabulario

1.	paisaje	Landschaft
2.	selva	Dschungel
3.	elefante	Elefant
4.	lápiz	Bleistift
5.	pintar	malen
6.	cuadro	Bild, Gemälde
7.	lago	See
8.	río	Fluss
9.	sueño	Traum
10.	museo	Museum
11.	exposición	Ausstellung
12.	participar	teilnehmen
13.	cocodrilo	Krokodil
14.	mono	Affe
15.	plátano	Banane
16.	palmera	Palme
17.	planeta	Planet
18.	nieve	Schnee
19.	pingüino	Pinguin
20.	cerdo	Schwein
21.	barro	Schlamm
22.	miel	Honig
23.	oso	Bär
24.	sol	Sonne
25.	mejor	besser

Un paisaje bonito

En la selva, vive un elefante. Le gusta mucho pintar. Tiene todo tipo de pinturas y lápices de colores. Le encanta pintar paisajes.

Aquí tenemos un cuadro de su bosque favorito. Aquí está un lago y un río. Y este es su nuevo cuadro: árboles muy altos, un cielo azul y un sol brillante. El elefante tiene un sueño: quiere ver sus cuadros en un museo o en una exposición.

"Este es mi mejor cuadro. Puede participar en una exposición", piensa el elefante. "Me gustaría saber qué piensan mis amigos de este cuadro". Por eso, invita a unos amigos a visitarle.

Die schöne Landschaft

Im Dschungel lebt ein Elefant. Er malt sehr gern. Er hat viele verschiedene Sorten Farben und Buntstifte. Besonders gern malt er Landschaften.

Hier hat er seinen Lieblingswald gemalt. Hier einen See und einen Fluss. Und das ist sein neues Bild: Hohe Bäume, ein blauer Himmel und eine strahlende Sonne. Der Elefant träumt davon, dass seine Bilder in einem Museum oder einer Ausstellung hängen.

»Das ist mein bestes Bild. Es kann ausgestellt werden!«, denkt der Elefant. »Ich würde gern wissen, was meine Freunde zu diesem Bild meinen.« Deshalb lädt er ein paar Freunde zu sich ein.

El elefante enseña los cuadros a sus amigos y dice:

—Este es mi cuadro favorito. Creo que puede participar en una exposición. ¿Qué pensáis? ¿Os gusta?

El cocodrilo mira el cuadro con atención y dice:

—Solo veo árboles y el cielo. ¿Y dónde está el río? Yo vivo en el río. El río es el lugar más hermoso del mundo.

El mono mira el cuadro un rato largo y pregunta:

—¿Dónde están los plátanos y las palmeras? Las palmeras son los árboles más bonitos del planeta. Especialmente cuando tienen plátanos.

—¡Nieve! ¡El cuadro tiene que tener mucha nieve! —dice el pingüino—. ¡La nieve es lo mejor del mundo!

—No les escuches —dice el cerdo—. En el cuadro

Er zeigt ihnen seine Bilder und sagt:

»Das ist mein Lieblingsbild. Ich glaube, es kann in einer Ausstellung gezeigt werden. Was denkt ihr? Gefällt es euch?«

Das Krokodil betrachtet das Bild aufmerksam und sagt:

»Ich sehe nur Bäume und Himmel. Und wo ist der Fluss? Ich lebe im Fluss. Der Fluss ist der wunderbarste Ort der Welt.«

Der Affe sieht lange auf das Bild und fragt:

»Wo sind die Bananen und Palmen? Palmen sind die schönsten Bäume der Welt. Besonders, wenn Bananen daran hängen.«

»Schnee! Auf dem Bild muss viel Schnee zu sehen sein«, sagt der Pinguin. »Schnee ist das Beste, was es gibt!«

»Hör nicht auf sie«, meint das Schwein. »Auf dem

tiene que haber barro. Bañarse en el barro es muy agradable. El barro hace feliz a todo el mundo.

Los invitados se van a casa y el elefante comienza a pintar un cuadro nuevo. Esta vez, en el cuadro hay de todo: un río, plátanos, palmeras, nieve, barro e incluso miel. "Voy a pintar miel porque mi amigo el oso también va a venir. Le gusta mucho la miel", piensa el elefante.

Una semana después, los animales visitan de nuevo al elefante para ver su nuevo cuadro:
—¿Qué pensáis esta vez, amigos? —pregunta.

Los amigos miran el cuadro y dicen:
—¿Nieve y palmeras? ¿Barro y miel? Esto no es un paisaje de verdad. ¡El otro cuadro era mucho mejor!

Bild sollte Schlamm abgebildet sein. Im Schlamm zu baden ist so angenehm. Schlamm macht alle glücklich.«

Die Gäste gehen nach Hause und der Elefant beginnt, ein neues Bild zu malen. Diesmal ist alles auf dem Bild: ein Fluss, Bananen, Palmen, Schnee, Schlamm und sogar Honig. »Ich male Honig, weil mein Freund, der Bär, auch da sein wird. Er mag Honig sehr gern«, überlegt der Elefant.

Nach einer Woche sind wieder alle Tiere beim Elefanten zu Besuch, um das neue Bild zu sehen.
»Was denkt ihr diesmal, Freunde?«, fragt er.

Die Freunde schauen auf das Bild und sagen:
»Schnee und Palmen? Schlamm und Honig? Das ist keine wirkliche Landschaft. Das andere Bild war viel besser!«

Ejercicios

---

1 Pon las frases en el orden correcto:
Bringe die Sätze in die richtige Reihenfolge:

1. El elefante pinta un cuadro con árboles, el cielo y el sol.
2. El cerdo piensa que el cuadro tiene que tener barro.
3. Los amigos dicen que el otro cuadro era mucho mejor.
4. El elefante enseña su cuadro favorito a sus amigos.
5. El cocodrilo dice su opinión sobre el cuadro.
6. El elefante pinta un cuadro nuevo que tiene de todo.

2 ¿Verdadero (V) o falso (F)?
Wahr oder falsch?

1. El cocodrilo pregunta por el barro.
2. El cuadro del elefante participa en una exposición.
3. Al mono le gustan las palmeras y los plátanos.
4. El cerdo piensa que bañarse en el río es muy agradable.
5. Al elefante le encanta pintar paisajes.
6. El elefante pinta miel para su amigo el oso.

3 Completa las frases con las siguientes palabras:
Vervollständige die Sätze mit den folgenden Wörtern:

atención / rato / colores / mejor
feliz / museo

1. El elefante quiere ver sus cuadros en un _____ .
2. El cocodrilo mira el cuadro con _____ .
3. El pingüino piensa que la nieve es lo _____ del mundo.
4. El elefante tiene lápices de _____ .
5. El mono mira el cuadro un _____ largo.
6. El cerdo dice que el barro hace _____ a todo el mundo.

4 Combina las columnas:
Verbinde die Spalten:

1. El elefante quiere participar en una   a. agradable
2. El elefante tiene todo tipo de   b. de todo
3. En el nuevo cuadro hay   c. exposición
4. Para el cerdo, bañarse en el barro es   d. pingüino
5. La nieve le gusta mucho al   e. nuevo
6. Los animales visitan al elefante de   f. pinturas

Soluciones

Ejercicio 1: El orden correcto es 1, 4, 5, 2, 6, 3
Ejercicio 2: 1–F, 2–F, 3–V, 4–F, 5–V, 6–V
Ejercicio 3: 1–museo, 2–atención, 3–mejor, 4–colores, 5–rato, 6–feliz
Ejercicio 4: 1–c, 2–f, 3–b, 4–a, 5–d, 6–e

Ricos y pobres
Reiche und Arme

Vocabulario

1.	rico	reich
2.	pobre	arm
3.	ciudad	Stadt
4.	piscina	Pool, Schwimmbecken
5.	padre	Vater
6.	hijo	Sohn
7.	por supuesto	selbstverständlich, natürlich
8.	fin de semana	Wochenende
9.	agricultor	Bauer
10.	invitado	Gast
11.	trabajar en el campo	auf dem Feld arbeiten
12.	verdura	Gemüse
13.	fruta	Obst
14.	huerto	Garten (Obst- und Gemüsegarten)
15.	fuera	draußen
16.	por la tarde	am Nachmittag
17.	dar las gracias	danken
18.	por la noche	nachts
19.	estrella	Stern
20.	cerradura	(Tür-) Schloss
21.	puerta	Tür
22.	dormir	schlafen
23.	bañarse	baden
24.	pronto	früh, zeitig
25.	después de un rato	nach einer Weile

Ricos y pobres

En la ciudad vive una familia rica. Lo tienen todo: dinero, una casa grande, piscina y un automóvil caro. El padre quiere mucho a su hijo. Cada día juegan juntos en la piscina, pasean por la ciudad y comen en un restaurante. Un día, el hijo pregunta:

—Papá, ¿nosotros somos ricos o pobres?

El padre piensa: "Por supuesto que somos ricos. Pero mi hijo debe entender esto él solo".

—Tengo una idea estupenda —dice el padre—. Este fin de semana vamos a ir al pueblo. Allí vive mi buen amigo Antonio. Vamos a dormir en su casa. Después sabrás si somos ricos o pobres.

Reiche und Arme

In der Stadt lebt eine reiche Familie. Sie haben alles: Geld, ein großes Haus, einen Pool und ein teures Auto. Der Vater liebt seinen Sohn sehr. Jeden Tag spielen sie im Pool, spazieren durch die Stadt und essen in einem Restaurant. Eines Tages fragt der Sohn:

»Papa, sind wir reich oder arm?«

Der Vater denkt: »Natürlich sind wir reich. Aber mein Sohn soll selbst darauf kommen.«

»Ich habe eine tolle Idee«, sagt der Vater. »Dieses Wochenende fahren wir aufs Dorf. Dort wohnt mein guter Freund Antonio. Wir werden beim ihm übernachten. Danach wirst du wissen, ob wir reich oder arm sind.«

El padre sabe que su amigo es un agricultor pobre. Tiene una casa pequeña y una familia grande. "Mi hijo va a ver cómo viven las personas pobres. De esta forma entenderá que somos ricos", piensa el padre.

El sábado, el padre y su hijo van al pueblo. A Antonio le gusta tener invitados en su casa. El padre y su hijo trabajan todo el día en el campo. Después, se bañan en el río y comen verdura y fruta del huerto. Por la noche duermen fuera, porque la casa es muy pequeña y no hay sitio para todos. Al día siguiente, se despiertan muy pronto. Hay que dar de comer a los animales.

El domingo por la tarde, el padre y su hijo se preparan para volver a casa. Le dan las gracias a Antonio y regresan a la ciudad. Después de un rato, el padre mira a su hijo y le dice:

Der Vater weiß, dass sein Freund ein armer Bauer ist. Er hat ein kleines Haus und eine große Familie. »Mein Sohn wird sehen, wie arme Leute leben. So wird er verstehen, dass wir reich sind«, ist sich der der Vater sicher.

Am Samstag fahren Vater und Sohn in das Dorf. Antonio hat gern Besuch. Vater und Sohn arbeiten den ganzen Tag auf dem Feld. Anschließend baden sie im Fluß und essen Obst und Gemüse aus dem Garten. Nachts schlafen sie draußen, da im Haus kein Platz mehr ist. Am nächsten Tag wachen sie früh auf. Die Tiere müssen gefüttert werden.

Am Sonntag Nachmittag machen sich Vater und Sohn bereit für die Rückfahrt. Sie danken Antonio und kehren in die Stadt zurück. Nach einer Weile sieht der Vater seinen Sohn an und fragt:

—¿Qué piensas? Ahora ya sabes cómo vive un agricultor en el pueblo y sabes cómo vivimos nosotros. Ahora puedes responder a tu pregunta: ¿nosotros somos ricos o pobres?

—Sí, papá. Claro que puedo —responde el hijo—. Nosotros no tenemos perro, y tu amigo Antonio tiene cuatro. Nosotros tenemos una piscina, y él tiene un río y un lago. Por la noche, nosotros encendemos la lámpara, y él tiene estrellas en el cielo. Nuestra puerta tiene cerradura. Antonio no la necesita porque todas las personas en el pueblo son sus amigos. Ahora lo entiendo: nosotros somos pobres.

»Was denkst du? Jetzt weißt du, wie ein Bauer auf dem Land lebt, und weißt, wie wir leben. Kannst du jetzt deine Frage beantworten: Sind wir reich oder arm?«

»Ja, Papa. Natürlich kann ich das«, antwortet der Sohn. »Wir haben keinen Hund, und dein Freund Antonio hat vier. Wir haben einen Pool, aber er hat einen Fluss und einen See. Nachts machen wir das Licht an, er hingegen hat die Sterne am Himmel. Unsere Tür hat ein Schloss. Antonio braucht keins, weil alle Leute im Dorf seine Freunde sind. Jetzt verstehe ich: Wir sind arm.«

Ejercicios

1

Pon las frases en el orden correcto:
Bringe die Sätze in die richtige Reihenfolge:

1. El padre tiene una idea estupenda.
2. El padre y el hijo trabajan en el campo todo el día.
3. El hijo pregunta a su padre si son ricos o pobres.
4. El hijo dice al padre que ellos son pobres.
5. El padre y su hijo van al pueblo.
6. El padre y el hijo regresan a la ciudad.

2

¿Verdadero (V) o falso (F)?
Wahr oder falsch?

1. Antonio no tiene perro.
2. El padre piensa que su familia es rica.
3. Antonio tiene una familia pequeña y una casa grande.
4. En el pueblo el padre y el hijo se bañan en el río.
5. El padre y el hijo nunca juegan en la piscina.
6. Antonio no necesita una puerta con cerradura.

3 Completa las frases con las siguientes palabras:
Vervollständige die Sätze mit den folgenden Wörtern:

pasean / volver / despiertan / encendemos
entender / comer

1. Por la noche, nosotros _____ la lámpara.
2. En el pueblo el padre y el hijo se _____ muy pronto.
3. Somos ricos. Pero mi hijo debe _____ esto él solo.
4. El domingo el padre y el hijo se preparan para __ a casa.
5. Por la mañana hay que dar de _____ a los animales.
6. Cada día el padre y el hijo _____ por la ciudad.

4 Combina las columnas:
Verbinde die Spalten:

1. Antonio es un agricultor   a. caro
2. El padre y el hijo trabajan en el   b. pobre
3. A Antonio le gusta tener   c. cielo
4. Tienen un automóvil   d. campo
5. Comen verdura y fruta del   e. invitados
6. En el pueblo hay estrellas en el   f. huerto

Soluciones

Ejercicio 1: El orden correcto es 3, 1, 5, 2, 6, 4
Ejercicio 2: 1–F, 2–V, 3–F, 4–V, 5–F, 6–V
Ejercicio 3: 1–encendemos, 2–despiertan, 3–entender, 4–volver, 5–comer, 6–pasean
Ejercicio 4: 1–b, 2–d, 3–e, 4–a, 5–f, 6–c

Un pez demasiado pequeño
Der zu kleine Fisch

44

Vocabulario

1.	demasiado	zu (viel, klein...)
2.	pequeño	klein
3.	lejos	weit weg
4.	invierno	Winter
5.	primavera	Frühling
6.	hambriento	hungrig
7.	levantarse	aufstehen
8.	desayunar	frühstücken
9.	pescado	Fisch
10.	sabroso	schmackhaft
11.	sentarse	sich setzen
12.	piedra	Stein
13.	esperar	warten
14.	al lado de	neben
15.	pata	Pranke
16.	viejo	alt
17.	rico	lecker, reich an Geschmack
18.	hora	Stunde
19.	aparecer	auftauchen, erscheinen
20.	feo	hässlich
21.	triste	traurig
22.	comer	essen
23.	sin	ohne
24.	moraleja	Moral:
25.	valorar	wertschätzen

Un pez demasiado pequeño

En un bosque muy lejos de aquí, vive un oso. En invierno, el oso duerme profundamente. En primavera, se despierta y tiene mucha hambre. El oso se levanta y dice:

—¡Qué hambre tengo! ¿Qué hay para desayunar? Hace mucho tiempo que no como pescado. Voy a desayunar un pescado grande y sabroso.

El oso va al río. El agua del río está fría, pero hay muchos peces. El oso pesca muy bien. Se sienta en una piedra y espera. Quiere un pez grande. De repente, el oso ve un pez al lado de la piedra. Lo pesca rápidamente con su pata. Mira el pescado y dice:

Der zu kleine Fisch

In einem weit entfernten Wald lebt ein Bär. Im Winter hält der Bär einen tiefen Schlaf. Im Frühling wacht er auf und hat großen Hunger. Der Bär steht auf und sagt:

»Ich habe so einen Hunger! Was gibt es zum Frühstück? Ich habe schon so lange keinen Fisch mehr gegessen. Zum Frühstück werde ich einen großen, leckeren Fisch essen.«

Der Bär geht zum Fluss. Das Flusswasser ist kalt, aber es gibt viele Fische. Der Bär kann gut fischen. Er setzt sich auf einen Stein und wartet. Er will einen großen Fisch. Plötzlich sieht der Bär einen Fisch neben dem Stein. Er fängt ihn schnell mit seiner Pranke. Er sieht sich den Fisch an und sagt:

—Bah, este pez es demasiado pequeño para mí. Soy grande y estoy hambriento. Quiero un pescado más grande.

El oso suelta el pez y se sienta de nuevo. Después de media hora, ve otro pez. El pez nada muy despacio y casi no se mueve. El oso lo pesca con la pata, lo mira y dice:

—Este pez es viejo. Seguramente no está rico. Soy grande y estoy hambriento. Quiero un pescado más joven.

El oso suelta el pez de nuevo y espera. Esta vez espera durante mucho tiempo. Después de una hora, aparece un pez. Pero tampoco le gusta al oso. Piensa que es demasiado pequeño. Así que espera más, y más, y más. Pero todos los peces son demasiado pequeños o viejos o feos.

»Pah, dieser Fisch ist zu klein für mich. Ich bin groß und habe Hunger. Ich will einen größeren Fisch.«

Der Bär lässt den Fisch frei und setzt sich. Nach einer halben Stunde sieht er wieder einen Fisch. Der Fisch schwimmt sehr langsam und bewegt sich kaum. Er angelt den Fisch mit der Pranke, betrachtet ihn und sagt:

»Dieser Fisch ist alt. Wahrscheinlich schmeckt er nicht. Ich bin groß und habe Hunger. Ich will einen jüngeren Fisch.«

Wieder lässt der Bär den Fisch frei und wartet. Diesmal wartet er lange. Nach einer Stunde schwimmt ein Fisch vorbei. Aber auch diesen Fisch mag der Bär nicht. Er findet ihn zu klein. Er wartet und wartet und wartet. Aber alle Fische sind zu klein, zu alt oder zu hässlich.

Ya es de noche. El hambriento oso va a casa. Está muy triste. No desayunó, ni comió, ni cenó.

—Qué estúpido soy —piensa el oso—. Todos los peces pequeños juntos eran como uno grande. Fue un error esperar. El pez grande nunca llegó. Ahora voy a dormir sin cenar.

Moraleja: a veces, cuando esperas demasiado, no consigues nada.

Aprende a valorar lo que tienes hoy.

Es ist bereits Nacht. Der hungrige Bär geht nach Hause. Er ist sehr traurig. Er hatte weder Frühstück noch Mittag- oder Abendessen.

»Ich bin so dumm«, denkt sich der Bär. »All die kleinen Fische zusammen waren wie ein Großer. Es war ein Fehler zu warten. Der große Fisch ist nie gekommen. Jetzt gehe ich ohne Abendessen schlafen.«

Moral: Wenn man zu lange wartet, erreicht man manchmal nichts.

Wir sollten das schätzen, was wir heute haben.

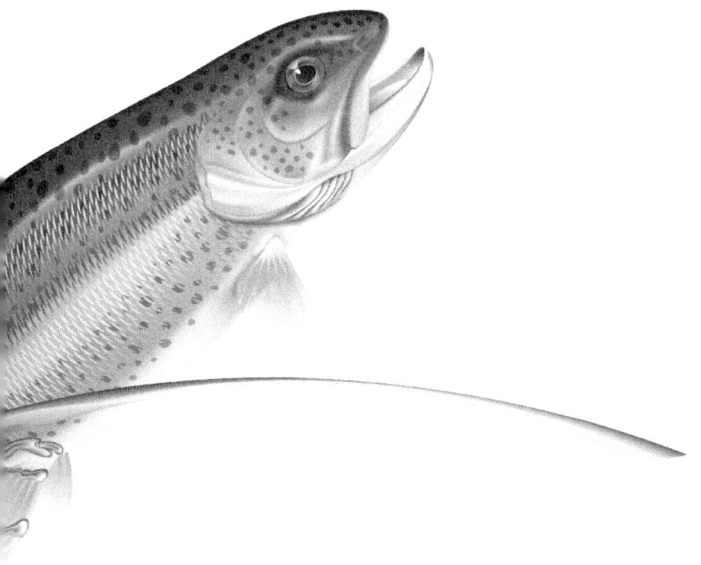

Ejercicios

1 Pon las frases en el orden correcto:
Bringe die Sätze in die richtige Reihenfolge:

1. El oso se sienta en una piedra y espera.
2. El oso se despierta en primavera y tiene mucha hambre.
3. El oso pesca un pez y lo suelta porque no le gusta.
4. El oso quiere un pez grande y va al río.
5. El oso se va a dormir sin cenar.
6. El oso suelta al otro pez porque le parece demasiado viejo.

2 ¿Verdadero (V) o falso (F)?
Wahr oder falsch?

1. En invierno, el oso duerme profundamente.
2. Hay pocos peces en el río.
3. El oso va al lago para pescar.
4. El oso pesca muy bien.
5. El pez grande llegó por la noche.
6. El oso quiere un pez pequeño y joven.

3

Completa las frases con las siguientes palabras:
Vervollständige die Sätze mit den folgenden Wörtern:

juntos / bosque / de repente
valorar / demasiado / tampoco

1. El oso vive en un _____ .
2. Aparece otro pez, pero _____ le gusta al oso.
3. El oso dice que el pez es _____ pequeño para él.
4. _____ el oso ve un pez al lado de una piedra.
5. Aprende a _____ lo que tienes hoy.
6. Todos los peces pequeños _____ eran como uno grande.

4

Combina las columnas:
Verbinde die Spalten:

1. El oso se despierta y tiene mucha   a. hambriento
2. El oso quiere un pez grande y   b. despacio
3. El oso es grande y está   c. sabroso
4. El pez casi no se mueve y nada muy   d. rápidamente
5. El oso ve un pez y lo pesca   e. esperar
6. Fue un error   f. hambre

Soluciones

Ejercicio 1: El orden correcto es 2, 4, 1, 3, 6, 5
Ejercicio 2: 1–V, 2–F, 3–F, 4–V, 5–F, 6–F
Ejercicio 3: 1–bosque, 2–tampoco, 3–demasiado, 4–De repente, 5–valorar, 6–juntos
Ejercicio 4: 1–f, 2–c, 3–a, 4–b, 5–d, 6–e

El tiempo vuela
Wie schnell die Zeit vergeht

Vocabulario

1.	tiempo	Zeit
2.	tiempo	Wetter
3.	volar	fliegen
4.	tortuga	Schildkröte
5.	pasear	spazieren gehen
6.	deporte	Sport
7.	brillar	scheinen
8.	bocadillo	belegtes Brot
9.	zumo	Saft
10.	servilleta	Serviette
11.	gorra	Mütze, Kappe
12.	chaqueta	Jacke
13.	verano	Sommer
14.	hace calor	es ist heiß
15.	tomar el sol	sich sonnen
16.	bañador	Badeanzug
17.	gafas de sol	Sonnenbrille
18.	toalla	Handtuch
19.	otoño	Herbst
20.	llueve	es regnet
21.	viento	Wind
22.	paraguas	Regenschirm
23.	mojarse	nass werden
24.	hace frío	es ist kalt
25.	guante	Handschuh

El tiempo vuela

En un lago vive una tortuga. Es vieja, pero muy activa. Le gusta mucho pasear y hacer deporte. Pero la tortuga tiene un problema: es muy lenta.

Estamos en primavera. El sol brilla. Hace buen tiempo. La tortuga sale de su casa y piensa:

—¡Qué día más bueno! ¡Hoy me voy de pícnic!

Primero, hace unos bocadillos lentamente. Después, pone los bocadillos en una cesta muy despacio. Además, coge fruta y zumo de naranja. El zumo de naranja es su favorito.

—Si cojo zumo, entonces necesito un vaso—, piensa ella y empieza a buscar un vaso sin prisa.

Wie schnell die Zeit vergeht

An einem See lebt eine Schildkröte. Sie ist schon alt, aber dennoch sehr aktiv. Sie geht sehr gern spazieren und macht gern Sport. Aber sie hat ein Problem: Sie ist sehr langsam.

Es ist Frühling. Die Sonne scheint. Das Wetter ist herrlich. Die Schildkröte geht raus und denkt sich:

»So ein schön Tag! Heute mache ich ein Picknick.«

Zuerst macht sie sich langsam belegte Brote. Dann legt sie die belegten Brote langsam in den Korb. Sie nimmt noch Obst und Orangensaft mit. Orangensaft mag sie am liebsten.

»Wenn ich Saft mitnehme, brauche ich auch ein Glas«, denkt sie und sucht in aller Ruhe ein Glas.

Así, la tortuga busca primero un vaso, después servilletas y después una gorra y una chaqueta. Finalmente, sale de casa. ¿Y qué es lo que ve? ¡Ya es verano! Hace calor. Todos los animales toman el sol y se bañan en el lago. ¡Y la tortuga lleva una chaqueta!

—Yo también quiero bañarme —piensa la tortuga—. ¿Dónde está mi bañador?

La tortuga vuelve a casa y empieza a buscar el bañador. Coge el bañador, unas gafas de sol y una toalla, y sale de casa. ¿Y qué es lo que ve? ¡Ya es otoño! Todos los animales buscan setas y moras. Está lloviendo y sopla el viento. ¡Y la tortuga está en bañador!

—A mí también me gustan las setas y las moras —piensa la tortuga—. Pero necesito un paraguas. Me voy a mojar sin paraguas.

Und so sucht die Schildkröte zuerst ein Glas, danach Servietten, dann eine Mütze und eine Jacke. Endlich geht sie aus dem Haus. Und was sieht sie? Inzwischen ist Sommer! Draußen ist es heiß. Alle Tiere sonnen sich und baden im Fluss. Und sie mit Jacke!

»Ich will auch baden«, denkt sich die Schildkröte. »Wo ist mein Badeanzug?«

Die Schildkröte geht wieder heim und beginnt, ihren Badeanzug zu suchen. Sie nimmt den Badeanzug, eine Sonnenbrille, ein Handtuch und geht aus dem Haus. Und was sieht sie? Es ist schon Herbst! Alle Tiere sammeln Pilze und Beeren. Es regnet und ein kalter Wind weht. Und die Schildkröte im Badeanzug!

»Ich mag auch Pilze und Beeren«, denkt sich die Schildkröte. »Aber ich brauche einen Regenschirm. Ohne Regenschirm werde ich nass.«

La tortuga vuelve a casa y empieza a buscar un paraguas. Finalmente, la tortuga está lista para coger setas. Sale de casa. ¿Y qué es lo que ve? ¡Ya es invierno! Está nevando. Hace mucho frío. Los animales esquían y juegan con la nieve.

—Yo también tengo esquíes —piensa la tortuga y vuelve a casa.

En casa busca los esquíes y unos guantes. Cuando la tortuga está lista para esquiar, sale de casa. ¿Y qué es lo que ve? ¡Ya es primavera! Hace buen tiempo.

—¡Qué día más bueno! —piensa la tortuga—. ¡Hoy me voy de pícnic!

Die Schildkröte kehrt nach Hause zurück und sucht einen Regenschirm. Endlich ist sie bereit zum Pilzesammeln. Sie geht raus. Und was sieht sie? Es ist bereits Winter! Es schneit und es ist eisig kalt. Die Tiere fahren Ski und spielen im Schnee.

»Ich habe auch Skis«, denkt sich die Schildkröte und kehrt nach Hause zurück.

Zu Hause sucht sie die Ski und Handschuhe. Als sie fürs Skifahren gerüstet ist, geht sie aus dem Haus. Und was sieht sie? Der Frühling ist da! Das Wetter ist schön.

»So ein schöner Tag!«, denkt sich die Schildkröte. Heute mache ich ein Picknick.«

Ejercicios

1 Pon las frases en el orden correcto:
Bringe die Sätze in die richtige Reihenfolge:

1. La tortuga quiere ir de pícnic y empieza a prepararse.
2. Los animales esquían y juegan con la nieve.
3. Esta lloviendo y sopla el viento.
4. La tortuga sale de casa y ya es verano.
5. La tortuga vuelve a casa para buscar un paraguas.
6. La tortuga de nuevo quiere ir de pícnic.

2 Verdadero (V) o falso (F)?
Wahr oder falsch?

1. La tortuga quiere ir de pícnic porque es verano.
2. En verano, la tortuga quiere bañarse y busca el bañador.
3. Los animales ayudan a la tortuga a buscar cosas.
4. La tortuga sale a coger setas y moras sin paraguas.
5. Cuando la tortuga está lista para esquiar, ya es primavera.
6. La tortuga tiene esquíes en casa.

3 Completa las frases con las siguientes palabras:
Vervollständige die Sätze mit den folgenden Wörtern:

hace / cesta / toman
gafas / sopla / lista

1. Estamos en primavera, _____ buen tiempo.
2. En verano los animales _____ el sol.
3. Está lloviendo y _____ el viento.
4. La tortuga pone los bocadillos en una _____ .
5. La tortuga está _____ para coger setas.
6. La tortuga coge unas _____ del sol y una toalla.

4 Combina las columnas:
Verbinde die Spalten:

1. La tortuga busca las cosas sin   a. lenta
2. La tortuga se pone una   b. prisa
3. Los animales juegan con la   c. brilla
4. Hace buen tiempo y el sol   d. nieve
5. La tortuga coge zumo de   e. chaqueta
6. La tortuga es activa, pero muy   f. naranja

Soluciones

Ejercicio 1: El orden correcto es 1, 4, 3, 5, 2, 6
Ejercicio 2: 1–F, 2–V, 3–F, 4–F, 5–V, 6–V
Ejercicio 3: 1–hace, 2–toman, 3–sopla, 4–cesta,
5–lista, 6–gafas
Ejercicio 4: 1–b, 2–e, 3–d, 4–c, 5–f, 6–a

Notas

Notas